Dressons
Boule De Poils!

BIOGRAPHIE

Petite fille, Lucy Daniels adorait lire et rêvait d'être écrivain. Aujourd'hui, elle vit à Londres avec sa famille et ses deux chats, Peter et Benjamin. Originaire de la région du Yorkshire, elle aime la nature et les animaux, et s'échappe à la campagne dès qu'elle le peut.

ILLUSTRATIONS INTÉRIEURES : ANNIE-CLAUDE MARTIN

L'auteur remercie Mary Hooper pour sa collaboration.
Conception de la collection : Ben M. Baglio
Titre original : *Doggy Dare*

Publié pour la première fois par Hodder Children's Books, Londres, 1998

Loi n°49-956 du 16 juillet 1949
sur les publications destinées à la jeunesse.
Dépôt légal : décembre 2001
ISBN : 978 2 7470 1903 3

100% animaux

Dressons Boule De Poils !

LUCY DANIELS

TRADUIT DE L'ANGLAIS
PAR GUILLAUME FOURNIER

HUITIÈME ÉDITION
bayard jeunesse

Les héros de cette histoire

Cathy Hope a neuf ans, et une grande passion : les animaux. Un jour, elle sera vétérinaire, comme ses parents. En attendant, elle porte secours à tous les petits animaux qui l'entourent.

Adam et **Emily Hope**, les parents de Cathy, dirigent une clinique vétérinaire, l'Arche des animaux.

James Hunter est le meilleur ami de Cathy. Il partage avec elle l'amour des animaux et la suit dans toutes ses aventures.

Tom et **Dorothy Hope** sont les grands-parents de Cathy. Ils vivent au cottage des Lilas et sont toujours prêts à venir en aide à leur petite-fille.

Adam Hope
Emily Hope
Dorothy Hope
Tom Hope
Cathy Hope
James Hunter

1

Cathy Hope se tenait devant le bureau de poste de Welford en compagnie de James Hunter et de Blackie, son labrador. Elle fronça les sourcils :

– Tu le connais ? demanda-t-elle en signalant d'un coup de menton un garçon, de l'autre côté de la rue.

James était en train de détacher Blackie, qu'il avait dû laisser à l'entrée. Il leva les yeux et secoua la tête :

– Non, je ne crois pas. Pourquoi ?

Le garçon referma la bande dessinée qu'il était en train de lire et la fourra dans son sac. Cathy ouvrit la bouche pour le saluer, mais il ne regarda pas dans leur direction. Il descendit la rue et traversa un peu plus loin.

– Je me demande d'où il sort ! Je ne l'ai jamais vu à l'école.

– Il est sûrement de passage. Franchement, Cathy, ce que tu peux être curieuse !

Les deux amis gagnèrent le bord du trottoir et James appela son chien :

– Au pied, Blackie, ordonna-t-il. Et reste à côté de moi pour traverser...

Mais, au lieu d'obéir, Blackie bondit et fourra son museau dans le sachet de bonbons que James avait acheté.

– Non ! s'écria James. Tu en auras si tu es sage !

– Ne lui donne pas trop de sucreries, recommanda Cathy. C'est mauvais pour ses dents.

– Tu crois que c'est meilleur pour les tiennes ? rétorqua James.

Une fois l'autre trottoir atteint, James récompensa son chien par une friandise. Blackie n'en fit qu'une bouchée, puis leva vers son maître un regard implorant.

– Plus tard, dit James.

– Tiens, ce n'est pas le garçon de tout à l'heure qui sort de l'épicerie ? demanda Cathy.

– Si. C'est bien lui… Hé, regarde, il a un chien ! s'exclama James en désignant un petit bâtard tout ébouriffé qui le suivait en trottinant.

Le garçon s'arrêta pour parler au chien, puis se pencha pour le caresser.

– Le chien non plus, je ne le connais pas, déclara Cathy.

– Voilà une énigme à ta mesure, ironisa James en gobant un bonbon. Un mystérieux garçon, accompagné d'un chien inconnu…

Le garçon s'éloigna le long de la rue, puis emprunta un chemin de traverse.

– Il ne doit pas être du coin, observa James. Sinon, il n'irait pas par là. Avec la pluie qui est tombée ces derniers jours, le sentier est un vrai bourbier. Il risque de s'y enfoncer jusqu'aux genoux.

Cathy hocha la tête :

– Mon père dit qu'il n'y a plus que les tracteurs qui peuvent y passer.

Elle plissa les yeux pour mieux voir :

– Et il n'a même pas de bottes, en plus.

– Viens. On va le mettre en garde.

Les deux enfants s'élancèrent au pas de course et atteignirent rapidement l'entrée du sentier. Blackie suivit le mouvement.

– Hé ! lança Cathy au garçon. Il ne faut pas aller par là !

Le petit chien se retourna vers eux en inclinant la tête, mais l'inconnu poursuivit tranquillement sa route.

– Tu vas t'embourber ! l'avertit Cathy.

– Le sol est complètement détrempé ! hurla James de toute la force de ses poumons.
Même Blackie y alla de quelques aboiements. Mais le garçon s'éloigna sans leur prêter la moindre attention, et fut bientôt hors de portée de voix.
– Ça alors ! souffla Cathy.
– Tu parles d'un malpoli ! dit James. Voilà ce que c'est que de vouloir rendre service.
Cathy haussa les épaules, dépitée :
– Bah ! Tant pis pour lui. En tout cas, c'est un drôle de garçon.
– Une chose est claire, conclut James, il n'a pas envie de se faire des amis.
– Par contre, on a peut-être une chance avec son chien ! dit Cathy en riant.

2

Le lundi suivant, après avoir fait l'appel, Mme Todd, la maîtresse d'école, posa le registre et s'adressa à la classe :

– J'ai quelque chose à vous annoncer, dit-elle. Un nouvel élève nous rejoint à partir d'aujourd'hui.

Cathy regarda autour d'elle. Elle ne vit que des visages familiers.

– Il s'appelle Joey Appleyard, poursuivit Mme Todd en consultant sa montre. Je lui ai demandé de venir plus tard pour avoir le temps de vous parler de lui. C'est un garçon un peu… spécial, voyez-vous.

Les élèves se redressèrent sur leurs sièges, subitement intéressés.

– Il est atteint de surdité. Ce qui veut dire que nous aurons à faire un petit effort pour nous montrer plus attentifs et plus serviables que d'ordinaire.

Gary Roberts leva la main :

– Est-ce qu'il parle ?

Mme Todd hocha la tête :

– Oui, il s'exprime très bien. Il n'est sourd que depuis deux ans. Il a appris à parler tout bébé, comme tout le monde. Ses intonations vous paraîtront parfois bizarres, car il n'entend pas le son de sa voix. Sachez que je ne tolérerai aucune plaisanterie là-dessus.

Elle parcourut la classe des yeux :

– Après les vacances, une assistante spécialisée viendra l'aider à suivre les cours. Mais, en attendant, il vaudrait mieux qu'il soit au premier rang, face à moi. Il n'aura qu'à s'asseoir à côté de Cathy. Tu lui donneras un petit coup de main, d'accord, Cathy ?

Cathy acquiesça avec plaisir.

– Comportez-vous avec Joey comme avec n'importe lequel d'entre vous, poursuivit Mme Todd. Pensez simplement à vous mettre en face quand vous vous adressez à lui, pour qu'il puisse lire sur vos lèvres. Et détachez bien les syllabes, surtout.

Elle se tourna vers la porte de la classe :

– Ah ! je l'aperçois dans le couloir.

Les enfants remuèrent sur leurs sièges et allongèrent le cou, impatients de découvrir leur nouveau camarade.

À la déception générale, Joey n'avait rien de particulier. C'était un petit garçon tout à fait ordinaire, de taille moyenne, avec des cheveux châtains coupés court et des oreilles légèrement décollées.

En le découvrant, Cathy poussa une exclamation de surprise. C'était le garçon qu'elle avait vu samedi dans la rue avec James. Tout s'éclaircissait ! Elle comprenait maintenant pourquoi il ne leur avait pas répondu.

– Je vous présente Joey, déclara Mme Todd.

Elle posa la main sur l'épaule du garçon et le conduisit à la table de Cathy.

Joey fixait ses lèvres avec attention tandis qu'elle articulait soigneusement :

– Joey, voici Cathy. Elle te fera visiter l'école après le déjeuner, et elle t'aidera s'il y a quelque chose que tu ne comprends pas.

– Merci, dit Joey.

Il s'exprimait d'une voix forte et rauque.

– Salut, Joey, lança Cathy.

Elle avait parlé lentement, distinctement. Elle avait l'impression de jouer dans une pièce de théâtre.

– Salut, Joey, reprirent les autres en chœur.

Tous avaient parlé le plus clairement possible, en exagérant le mouvement des lèvres. Sarah Drummond se mit à glousser.

– Ça suffit, Sarah, la coupa Mme Todd. Ne donnons pas à Joey une mauvaise impression. Je veux qu'il se sente bien parmi nous.

Elle tapa dans ses mains pour rétablir le calme.

– Et maintenant, passons à la leçon d'anglais. Sortez vos cahiers et mettons-nous au travail !

3

Avant la mi-journée, Cathy sut qu'elle allait bien s'entendre avec Joey. Elle oubliait parfois de s'exprimer lentement, et il lui demandait de répéter ; une ou deux fois, elle dut même écrire ce qu'elle voulait dire, ou se faire comprendre par gestes. Mais, dans l'ensemble, ils ne s'en sortaient pas trop mal.

– Où habites-tu ? lui demanda-t-elle en le raccompagnant dans la cour après l'école.

– Dans Taggart Lane.

Cathy hocha la tête :
– Je connais. Joli coin ! C'est près du cottage de mes grands-parents.
James, qui était dans la classe en dessous de celle de Cathy et Joey, les attendait au portail. Cathy avait déjà fait les présentations à l'heure du déjeuner.
– James et moi pouvons t'accompagner, si tu veux, proposa Cathy. Je comptais passer voir mes grands-parents de toute manière.
– C'est gentil !
En passant le portail, Cathy poussa une exclamation ravie.
– Tiens ! Ton chien est venu te chercher !
– Hein ? fit Joey, perplexe.
– Oh, pardon. J'ai oublié de me mettre en face de toi. C'est ton chien, regarde ! Il t'attend de l'autre côté de la rue.
– Pourquoi dis-tu que c'est le mien ?
– On l'a vu avec toi samedi dernier, répondit James.

Joey hocha la tête en souriant :
– Il me suit partout depuis notre arrivée. Ce matin, il m'a accompagné jusqu'à l'école.
– Mais alors, à qui appartient-il ? demanda Cathy, tandis que le petit chien bondissait joyeusement sur Joey. Il a forcément un maître !
Joey écarta les mains :
– Je n'en ai aucune idée. Je le trouve devant chez moi chaque fois que je mets le nez dehors.
– Il est adorable ! s'extasia Cathy en se penchant pour attraper le chien. Qu'est-ce que ça peut être comme race ? Il a un petit air de terrier et d'épagneul…
– Je l'appelle Boule de Poils, dit Joey.
– Ça lui va bien, approuva James.
Cathy reposa le petit chien par terre, et il se remit à gambader comme un fou autour de Joey.
– Il n'a pas de collier. Est-ce que tu

vas… Je veux dire, crois-tu que ta mère acceptera que tu le gardes ?
– Elle a horreur des chiens, répondit-il en secouant la tête. Je crois qu'elle en a peur.
– Ah, c'est dommage ! fit Cathy en se mordant la lèvre. Je vais vérifier si mes parents n'ont pas reçu un avis de recherche.
– Comment ça ?
– Mes parents sont vétérinaires, expliqua Cathy. Ils ont une clinique à l'autre bout du village. Elle s'appelle l'Arche des animaux.
– Et tu peux être certain que ce chien n'est pas du coin, ajouta James, parce que Cathy connaît personnellement tous les animaux de la région !
Cathy regarda un instant Boule de Poils jouer avec Joey.
– Il t'aime beaucoup, dit-elle. Si seulement ta mère voulait bien…
– Assurons-nous d'abord qu'il n'a pas de

maître, la coupa James, avant de commencer à distribuer des animaux qui ne sont pas à nous.

– Tu as raison, s'esclaffa Cathy. Chaque chose en son temps !

4

Mme Appleyard, la mère de Joey, guettait anxieusement son fils à l'entrée du jardin. À l'évidence, elle se demandait comment s'était déroulée sa première journée d'école.

En le voyant arriver avec Cathy et James, elle leur adressa un grand sourire ; mais, quand elle aperçut Boule de Poils, son expression se figea.

– Qu'est-ce que tu fiches encore ici ? cria-t-elle au petit chien. Ouste ! File !

Les trois enfants échangèrent un regard gêné tandis que le pauvre Boule de Poils détalait sans demander son reste ; il s'éloigna de quelques mètres puis s'assit sur son arrière-train, braquant des yeux malheureux sur Joey.

Après avoir présenté ses nouveaux camarades à sa mère, Joey les laissa, le temps de poser son cartable à l'intérieur.

– Bienvenue à Welford, Madame, dit poliment James. J'espère que vous allez vous plaire ici.

– C'est vraiment une belle région, renchérit Cathy. Je suis sûre que vous y serez très bien.

Elle mourait d'envie de glisser un mot en faveur de Boule de Poils, mais jugea plus prudent de ne pas aborder le sujet de but en blanc.

– Vous savez, Mme Todd nous a expliqué, pour Joey, poursuivit-elle. Qu'il fallait lui parler en face et tout ça.

Mme Appleyard hocha la tête :
– Ce sera probablement difficile pour lui au début. Mais il aura bientôt une assistante pour l'aider quand il aura du mal à comprendre ce que dit la maîtresse.
– Oh, ça, je m'en occupe déjà, la rassura Cathy. Joey est assis à côté de moi. Je lui explique au fur et à mesure. Il faut juste que je fasse attention de parler plus lentement et plus distinctement.
Mme Appleyard parut un peu soulagée :
– C'est très gentil. Cela n'a pas toujours été facile pour Joey dans son école précédente, tu sais. Certains de ses camarades lui menaient la vie dure. C'est bon de savoir qu'il a des amis sur qui compter !
Elle glissa un regard inquiet en direction de Boule de Poils.
– Mais si vous voulez lui rendre un grand service, commencez par tenir ce fichu chien à distance !
Il y eut un silence. James poussa Cathy

du coude. La jeune fille toussa, et s'éclaircit la gorge :

– Vous savez, Joey s'entend drôlement bien avec ce chien. Ils s'adorent, ça saute aux yeux.

– Il l'attendait même à la sortie de l'école, aujourd'hui, ajouta James.

– Hmm…, fit Mme Appleyard.

– Il est si mignon ! insista Cathy dans l'espoir de la convaincre.

Mme Appleyard pinça les lèvres :

– Je n'aime pas les chiens.

– Oh, mais pourquoi ? ne put s'empêcher de s'écrier Cathy. Ils sont gentils, ils sont fidèles, et ils ne vous déçoivent jamais !

– Écoute, répliqua Mme Appleyard. Quand j'étais petite, j'ai recueilli un chien errant qui semblait très doux et très gentil. Mais un jour, il s'est retourné contre moi et m'a mordu assez gravement. Depuis, je n'ai plus aucune confiance en ces animaux-là !

– Oh, c'est triste, déclara Cathy. Il ne faut pas détester tous les chiens comme ça à cause d'un seul.

Mme Appleyard sourit :

– Tu m'as l'air d'être une grande amie des bêtes, toi. J'imagine que tu as un chien ?

Joey était ressorti de la maison, et lui et James s'amusaient à présent à shooter dans une vieille balle de tennis. Cathy apprit à Mme Appleyard que ses parents étaient vétérinaires.

– Je n'ai pas vraiment de chien à moi, conclut-elle, mais James me laisse jouer avec Blackie. C'est un labrador noir, et je peux m'en occuper chaque fois que j'en ai envie. Et puis, il y a aussi tous les animaux qui viennent à l'Arche pour être soignés.

– Ah, je sais qui tu es ! s'exclama Mme Appleyard. J'ai fait la connaissance de ta grand-mère. Elle est adorable. Elle nous a apporté des scones[1] le jour de notre arrivée. Ils étaient délicieux !

– C'est Mamy tout craché ! fit Cathy en souriant. Elle est la meilleure pâtissière de Welford.

Le téléphone se mit à sonner dans la maison, et la mère de Joey alla y répondre.

– Toi et James, revenez quand vous voulez ! lança-t-elle en s'éloignant. Tu peux dire à Joey que le goûter sera prêt dans dix minutes et que je ne souhaite plus le voir jouer avec ce chien !

Cathy promit de transmettre le message.

Pendant qu'elle discutait avec James et Joey, la balle avec laquelle ils avaient joué roula dans le caniveau et s'éloigna le long de la rue. Boule de Poils courut la ramasser, la rapporta dans sa gueule et la déposa aux pieds de Joey. Puis il

---

1. Scones : biscuits maison, parfois fourrés de raisins secs ou de pépites de chocolat.

se mit à aboyer pour attirer son attention. Joey, qui était en train de lire sur les lèvres de Cathy, ne s'aperçut de rien. Alors, le petit chien tendit la patte et lui gratta le bout du pied.
Joey, surpris, baissa les yeux :
– Boule de Poils ! Qu'est-ce que tu veux ?
Cathy lui toucha le bras :
– Il t'a rapporté ta balle, regarde !
– Gentil chien ! fit Joey en s'agenouillant pour lui ébouriffer le poil.
Une pensée soudaine traversa l'esprit de Cathy. Elle pivota vers James. Il affichait la même expression ébahie.
– Tu penses la même chose que moi ? demanda-t-il.
– Oui ! acquiesça Cathy en hochant vigoureusement la tête.
Joey les dévisageait d'un air perplexe :
– De quoi parlez-vous ?
– Eh bien, lui expliqua Cathy, j'ignore

comment il a fait, mais je suis sûre que Boule de Poils a compris que tu étais sourd. Il a commencé par aboyer, puis, comme tu n'entendais pas, il t'a touché le pied.

– Waouh ! s'exclama Joey. C'est vraiment incroyable !

– Il est drôlement intelligent ! dit Cathy.

On frappa au carreau de la cuisine. Cathy et James se retournèrent, et Joey suivit leur regard. « Viens goûter », formula sa mère derrière la vitre. Elle lui indiqua par gestes que son thé était prêt.

Joey baissa les yeux sur Boule de Poils, sagement assis à ses pieds, puis sur Cathy.

– Que vas-tu faire ? demanda Cathy. Ta mère t'a dit de ne plus jouer avec lui.

Joey haussa les épaules en souriant :

– Je n'aurai qu'à faire la sourde oreille !

Les trois enfants éclatèrent de rire. Bientôt, ils se dirent au revoir et se séparèrent. En arrivant au bout de la rue, James se retourna et jeta un coup d'œil en arrière :

– Hé, regarde un peu Boule de Poils !

Sous leurs yeux amusés, le petit chien se faufila sous le portail de Joey, s'aplatit dans l'herbe haute du jardin et se mit à ramper vers la maison.

– J'ai l'impression que Mme Appleyard va avoir du mal à se débarrasser de lui ! commenta James avant de dire au revoir à Cathy.

– Oui, j'en ai peur, approuva Cathy. Boule de Poils semble bien décidé à s'installer !

5

Sur le chemin qui menait au cottage de ses grands-parents, Cathy ne cessa de penser à Boule de Poils, à Joey et au moyen de persuader Mme Appleyard de donner sa chance au petit chien.

Elle contourna la maison par-derrière et trouva son grand-père dans le jardin, en train de cueillir des haricots. Il en avait déjà rempli un grand panier.

– Cathy ! s'exclama-t-il en se redressant. Tu tombes bien, je cherchais un prétexte pour faire une pause. Tu connais ta grand-mère ; c'est une véritable esclavagiste ! Je n'ai pas le droit de m'arrêter sans une bonne raison !

– C'est ça ! Je te crois ! gloussa Cathy, qui savait que son grand-père adorait travailler au jardin.

Ils entrèrent dans la maison et trouvèrent Mamy en train de préparer le thé.

– Que me racontes-tu de beau, ma chérie ? demanda-t-elle en embrassant sa petite-fille.

– Oh, plein de choses ! On a un nouveau, à l'école. Il est assis à côté de moi. Il est sourd, alors il faut lui parler len-te-ment et dis-tinc-te-ment.

– Je le connais. L'autre jour, je suis allée leur souhaiter la bienvenue, à lui et à sa maman.

– Je sais ! s'exclama Cathy. Mme Appleyard a dit que tu leur avais apporté des scones.

– Je l'ai trouvée très comme il faut, continua Mamy en mettant le sucre dans la tasse de Papy. Elle m'a appris qu'elle était veuve et qu'elle avait élevé Joey toute seule. Il a l'air d'un gentil garçon.

– Tu me disais qu'elle s'inquiétait beaucoup pour lui, intervint Papy.

– Évidemment ! s'exclama Mamy. Elle m'a expliqué qu'il avait perdu l'ouïe à la suite d'une grave maladie et qu'il avait raté l'école pendant des mois. Quand il y est retourné, ses anciens camarades se moquaient de sa façon de parler.

– C'est vrai qu'il s'exprime curieusement, reconnut Cathy. Parfois, il se met presque à crier au beau milieu d'une phrase.

– C'est parce qu'il ne s'entend pas ; il lui est impossible de savoir s'il parle fort ou non, et il perd le réflexe de moduler sa voix. En plus, il oublie la prononciation de certains mots. Et les nouveaux lui posent de sérieux problèmes.

– Le pauvre ! soupira Papy. Ça ne doit pas être drôle pour lui !
– Il y a autre chose, dit Cathy. Un chien suit Joey partout depuis son arrivée en ville.
– Je l'ai vu, dit Mamy. Il est très mignon ! Il était assis dans l'allée quand je suis arrivée. Mais Mme Appleyard l'a fait déguerpir.
– C'est le problème ! lâcha Cathy. Elle déteste les chiens !
– Ma foi, tout le monde ne peut pas être fou des animaux, comme toi ! fit observer malicieusement Papy.
– Mais Boule de Poils adore Joey ! insista Cathy. En plus, Joey n'a jamais eu d'animaux avant, et il aimerait beaucoup le garder.
– Boule de Poils ? C'est joli comme nom !
Cathy sourit :
– C'est Joey qui l'a trouvé. Boule de

Poils est vraiment un brave chien… et il est très intelligent ! Il a compris que Joey était sourd.

Elle raconta comment le petit bâtard avait trouvé le moyen d'attirer l'attention de Joey sur la balle de tennis.

– Ça alors ! s'exclama Mamy.

– Saviez-vous qu'il existe des chiens spécialement dressés pour ça ? demanda Papy. Le vieux George en avait un, autrefois. Il venait l'avertir quand on sonnait à la porte.

Cathy posa son verre, très intéressée :

– Je connaissais les chiens d'aveugles, mais c'est la première fois que j'entends parler de chiens pour les sourds ! Comment le chien de George s'y prenait-il pour se faire comprendre ?

– Il se plantait devant son maître et posait sa patte sur son genou pour l'avertir qu'il se passait quelque chose. Ensuite, il trottait jusqu'à la source du bruit : le téléphone, la porte d'entrée, ou que sais-je encore.

Cathy réfléchit quelques instants, puis demanda :

– Crois-tu que James et moi arriverions à dresser Boule de Poils comme ça ?

– Je ne vois pas quand, intervint Mamy. Regarde le temps que vous avez consacré à dresser Blackie ! Et pour quel résultat !

Cathy sourit :

– Oh, Blackie adore désobéir. Je crois qu'il le fait exprès. Mais Boule de Poils a déjà réussi le plus dur. Il suffirait de lui apprendre deux ou trois petites choses, et peut-être que Mme Appleyard accepterait de le garder.

– Tu devrais en parler d'abord à tes parents, conseilla Mamy.

Les yeux de Cathy pétillèrent :

– Tu te rends compte ? Si nous arrivions à lui apprendre à prévenir Joey quand quelqu'un le demande ? Quand on sonne

à la porte, par exemple. Ce serait formidable, non ?
Papy et Mamy en convinrent.
– Mais ne te fais pas trop d'illusions, la prévint Mamy. Même si vous réussissez, rien ne dit que Mme Appleyard changera d'avis !

6

Quand Cathy quitta le cottage un peu plus tard, Papy était retourné travailler au jardin. Elle s'arrêta un instant pour lui parler.

– Je m'inquiète beaucoup pour Boule de Poils ! dit-elle. Je crois qu'il dort dans le jardin de Joey, mais je ne suis pas sûre qu'on lui donne à manger. Je n'ai pas osé poser la question à Joey devant sa mère.

Papy se gratta la tête :

– Ma foi, la situation est délicate. Si Mme

Appleyard ne veut vraiment pas de ce chien, tu ne devrais peut-être pas intervenir.
– Je sais, soupira Cathy. Mais, en attendant, il est là, et je suis sûre qu'il a faim…
Papy réfléchit un moment :
– Et si tu prenais quelques biscuits pour chiens dans la remise ? Ce sont ceux que vous donniez à Blackie quand vous essayiez de le dresser, tu te souviens ? Tu pourrais faire un crochet par chez Joey et lui en apporter.
Le visage de Cathy s'illumina :
– Génial ! Je n'aurai qu'à les laisser tomber discrètement près de l'allée.
Son grand-père lui fit un clin d'œil :
– Seulement, si on t'attrape, ne dis pas que c'est moi qui t'ai donné l'idée !

Quand Cathy se présenta au portail de la maison de Joey, Boule de Poils sortit de sa cachette au pied de la haie et trotta gaiement à sa rencontre.

– Salut, toi ! lui dit Cathy.
Elle se pencha pour lui ébouriffer le poil, puis s'assura qu'il n'y avait personne en vue.
– Tu as faim ? chuchota-t-elle en sortant les biscuits de sa poche.
Le petit chien se jeta sur la nourriture.
Cathy allait repartir quand le grincement de la porte d'entrée la fit sursauter. Le rouge aux joues, elle releva la tête… et tomba nez à nez avec Joey. Il tenait un os à la main. Tous deux se mirent à rire.
– Je vois qu'on a eu la même idée ! dit le garçon en indiquant les biscuits.
– Je me doutais bien que tu lui donnais à manger, fit Cathy en souriant. Il s'est installé dans votre jardin, hein ? James et moi l'avons vu se faufiler sous le portail, en partant.
Joey hocha la tête.
– J'essaie de lui garder un petit quelque chose à chaque repas, dit-il en coulant un

regard inquiet vers la maison. Je ne sais pas si maman s'en est aperçue. En tout cas, elle ne dit rien pour l'instant ; et ce n'est pas moi qui irai lui en parler !

Cathy sourit :

– Ne t'en fais pas pour ta mère ! En nous y mettant à trois, nous finirons bien par la convaincre.

Cathy et ses parents déjeunaient dans la salle à manger. En piochant sans appétit dans sa salade et son omelette aux champignons, Cathy se demandait comment amener la conversation sur Boule de Poils. Ce chien lui posait un cas de conscience. D'un côté, il avait peut-être un maître quelque part qui devait se désoler de l'avoir perdu ; d'un autre côté, Joey s'était attaché à lui et ne s'en séparerait pas de gaîté de cœur.

– Je vous ai parlé du nouveau ? se résolut-elle à dire. Il s'appelle Joey. Eh

bien, il a un petit chien adorable qui le suit partout. Il l'a trouvé dans la rue.
Ses parents éclatèrent de rire.
– Toi, quand tu t'intéresses à quelqu'un, dit sa mère, on peut parier qu'il y a un animal dans le coin !
– Le problème, c'est que sa mère ne veut pas de lui dans la maison.
M. Hope finit son assiette et croisa les bras :
– Et si tu nous racontais tout ça en détail ?
Cathy s'exécuta sans se faire prier, en terminant par le vieil ami malentendant de Papy et son chien.
– … Alors, je me disais que, si James et moi lui apprenions deux ou trois choses utiles, Mme Appleyard accepterait peut-être que Joey garde Boule de Poils ! Qu'est-ce que vous en pensez ?
Ses parents pesèrent la question un long moment, puis Mme Hope dit :
– Ça me paraît difficile, ma chérie. Tu

sais, ces chiens passent par plusieurs mois de dressage spécialisé.

– Oui, mais Boule de Poils a déjà montré qu'il en était capable ! insista Cathy. Il a compris tout seul que Joey n'entendait pas ses aboiements.

– C'est vrai ; sauf s'il s'agissait d'une coïncidence !

– Bah, ça ne coûte rien d'essayer, intervint M. Hope. Commencez par lui montrer quelque chose de très simple, et répétez la leçon jusqu'à ce qu'elle soit bien imprimée dans son cerveau. Seulement, ne te fais pas trop d'illusions, ma chérie. Il y a de fortes chances que ça ne donne rien.

– Et quand allez-vous trouver le temps ? s'inquiéta Mme Hope. Je te préviens qu'il n'est pas question que tu prennes du retard dans tes devoirs.

– C'est bientôt les vacances ! plaida Cathy. James et moi pourrions nous retrouver tous les jours pour travailler avec Joey et Boule de Poils. Ce serait un peu comme un devoir de vacances !

– Très bien, conclut M. Hope. Faites un essai, mais uniquement si Mme Appleyard est d'accord.

Mme Hope fronça les sourcils :

– Encore un détail, Cathy. Sais-tu à qui appartient ce chien ? Il doit avoir un maître.

Cathy haussa les épaules :

– C'est la première fois que je le vois dans le village. Et je n'ai aperçu aucun avis de recherche nulle part.

– Dans ce cas, et avant de te lancer dans de grands projets de dressage, tu devrais rédiger toi-même des affichettes.

– Pour rechercher le maître de Boule de Poils ?

– Exactement. Pour savoir si personne n'a perdu un chien correspondant à sa description.

– Mais… si quelqu'un répond ? fit Cathy d'une petite voix.

– Il vaut mieux en avoir le cœur net avant que vous ne soyez tous trop attachés à Boule de Poils. Et puis, pense à la joie de son propriétaire !

– Tu as raison, admit Cathy d'un air maussade.

Elle se demanda comment Joey accueillerait la nouvelle.

– Une dernière chose, rajouta Mme Hope. Je voudrais que tu sois un peu plus prudente vis-à-vis d'un chien que personne ne connaît.

– J'allais y venir, dit le père de Cathy.

– Je sais que ce ne sont pas des considérations agréables, mais il peut très bien avoir une maladie. Tu ne voudrais tout de même pas qu'il contamine tous les chiens du quartier ?

Cathy secoua la tête. Ses parents ne lui avaient pas remonté le moral, mais ils avaient raison ; Joey, James et elle n'étaient pas au bout de leurs peines !

7

– Dis, Papa, à propos de cette visite médicale de Boule de Poils dont vous avez parlé, maman et toi…, commença Cathy alors qu'elle et son père déposaient la vaisselle dans l'évier.

M. Hope eut l'air surpris :

– C'est curieux, je ne me souviens pas d'avoir formulé ça de cette façon !

– Vous avez dit que vous n'aimiez pas me voir traîner avec un chien dont on ne savait rien. Non ?

– Hum, hum ! Je devine ce que tu vas me demander…

– Tu voudrais l'examiner pour nous ? Vérifier si tout va bien ? Oh, dis oui, s'il te plaît !

M. Hope fit mine d'y réfléchir :

– Je ne sais pas trop… Qui payera la consultation ?

Cathy se mordit la lèvre :

– Si tu acceptes de nous faire un prix, on pourra…

M. Hope éclata de rire :

– Je te taquine ! Bien sûr que je l'examinerai. Quand veux-tu me l'amener ?

James arriva en fin d'après-midi. Cathy lui parla du vieil ami de son grand-père et de son chien, et elle lui raconta que son père avait promis d'examiner Boule de Poils.

– En attendant, je pensais qu'on pourrait déjà rédiger quelques affichettes. Mes parents disent qu'on doit commencer par s'assurer que Boule de Poils est bien un chien sans maître.

– Allons chez moi, proposa James. On les fera sur mon ordinateur. Je peux imprimer des affiches, des cartons d'invitation et toutes sortes de choses comme ça.

– Génial ! Il reste quatre jours avant les vacances, alors on en mettra une aussi sur le tableau d'information de l'école.

Le tableau en question était un grand panneau de liège sur lequel les élèves punaisaient des petites annonces et des informations diverses. Quand on voulait vendre des livres ou trouver quelqu'un pour nourrir ses animaux pendant les vacances, on le faisait savoir ici. Quelque temps auparavant, James y avait épinglé un avis disant qu'il voulait adopter un chiot. Cathy l'avait vu et lui avait parlé de Blackie ; c'était ainsi qu'ils étaient devenus les meilleurs amis du monde.

– Tu t'occupes des avis de recherche, dit Cathy, et, moi, je vais emprunter le Polaroïd de Papa pour prendre des photos de Boule de Poils et les coller dessus.
James acquiesça.
– Le plus drôle, lâcha-t-il en remontant ses lunettes sur son nez, c'est que j'espère qu'on va se donner tout ce mal pour rien !

– Alors ? demanda impatiemment James à Cathy, qui sortait de l'Arche des animaux en tenant Boule de Poils dans les bras.
Ce matin-là, Cathy s'était levée de bonne heure pour aller chercher le petit chien. Apparemment, Mme Appleyard fermait les yeux sur sa présence dans le jardin. Elle espérait peut-être que ses propriétaires finiraient par se manifester.
– Il va bien ! Papa l'a examiné. Il a besoin de prendre un peu de poids, mais, à part ça, il est en pleine forme. Et devine

quoi ? Papa lui a fait tous ses vaccins. Plus un traitement vermifuge !
Une fois dehors, Cathy posa Boule de Poils par terre et lui gratta le dos.
– Donc, il ne reste plus qu'à voir s'il est capable d'aider Joey..., commença-t-elle.
– ... et si nous parvenons à convaincre la mère de Joey de le garder ! acheva James.
Ils remontèrent la rue ensemble, laissant Boule de Poils gambader devant. C'était le premier jour des vacances, et ils devaient retrouver Joey sur la place du village. Ils comptaient démarrer le dressage sans perdre une minute.
– Toujours aucune réponse à nos affichettes ? demanda James.
– Aucune. Pourtant, on en a mis partout. On ne pourra pas dire que nous n'avons pas joué le jeu. Mais personne n'a appelé.
– Tant mieux ! souffla James avec satisfaction.

8

En arrivant sur la place du village, ils virent Joey au pied du grand chêne.

– Regarde, Boule de Poils ! C'est ton maître ! dit Cathy.

Le chien leva vers elle des yeux curieux.

– Va rejoindre Joey, va !

Au nom de « Joey », le chien avait dressé les oreilles. Il regarda autour de lui et dut reconnaître son ami, car il poussa un petit cri et fila vers lui de toute la vitesse de ses courtes pattes.

Joey les accueillit en souriant d'une oreille à l'autre :

– Alors, comment va Boule de Poils ?

– Il est en parfaite santé, lui assura Cathy.

Joey se tourna vers James :

– Blackie n'est pas avec vous ?

James secoua la tête :

– Je l'ai laissé à la maison. Ce n'est jamais bon de dresser deux chiens à la fois.

– On ne veut pas leur apprendre les mêmes choses, ajouta Cathy. Le pauvre Blackie serait complètement déboussolé.

– Déjà qu'il n'est pas très brillant ! s'esclaffa James.

– Au travail ! fit Cathy. Par quoi commence-t-on ?

– Par le plus facile, dit James. Je propose qu'on appelle Joey et qu'on essaie de faire comprendre à Boule de Poils qu'il doit le prévenir.

Cathy approuva et se mit face à Joey :

– Tu vas partir avec Boule de Poils et, quand tu seras au milieu de la place, James et moi t'appellerons. Toi, évidemment, tu continueras à marcher. On verra comment il réagit. S'il essaie d'attirer ton attention, donne-lui un biscuit en récompense.
Le visage de Joey s'illumina :
– D'accord ! J'y vais.
Il commença à s'éloigner.
– Salut ! lança-t-il pour plus de réalisme.
– À demain ! lui répondirent ses amis.
Ils le laissèrent atteindre le centre de la place, puis se mirent à crier :
– Joey ! Hé, Joey ! Reviens !
Boule de Poils se retourna une fois ou deux, alors que Joey continuait à avancer.
– Reviens ! cria Cathy.
– Joey ! Joey ! hurla James.
Boule de Poils hésita, mais comme Joey poursuivait tranquillement son chemin, il le rejoignit en trottinant. Parvenu au bout

de la place, Joey se retourna en haussant les épaules. Cathy lui fit signe de revenir.
– Ça n'a pas marché ! dit-il en les rejoignant, déçu.
– Ce n'est pas grave ! répondit Cathy. On ne s'attendait pas à ce qu'il comprenne du premier coup !
Ils essayèrent de nouveau, en criant plus fort. Ils n'obtinrent pas de meilleurs résultats. À la troisième tentative, Boule de Poils leva la tête vers Joey et aboya deux ou trois fois, mais comme Joey ne pouvait pas l'entendre…
Après deux autres échecs, Joey sembla carrément démoralisé :
– Finalement, c'était peut-être une coïncidence, l'autre jour ; peut-être qu'il ne voulait rien me montrer du tout.
Cathy secoua la tête :
– Ce n'était pas une coïncidence. Il sait que tu es sourd, j'en suis absolument certaine.

– Essayons encore, suggéra James.
Mais quand Joey s'éloigna et qu'ils se mirent à crier à tue-tête pour le rappeler, Mme Ponsonby, la vieille dame qui habitait Bleakfell Hall, s'arrêta en fronçant les sourcils.
– Dites donc, les enfants ! bougonna-t-elle. Êtes-vous vraiment obligés de faire un raffut pareil ?
– Désolée, s'excusa Cathy.
– Ah, les jeunes d'aujourd'hui, je vous jure ! grommela Mme Ponsonby avant de s'éloigner en secouant la tête.
James et Cathy n'osèrent plus élever la voix jusqu'à ce qu'elle eût disparu à l'intérieur du bureau de poste. Entre-temps, Joey était arrivé à l'autre bout de la place, et ils durent lui faire signe de revenir.
– Et un coup pour rien ! dit Cathy quand il les rejoignit. Réessayons encore !
Cette fois, non contents d'appeler et de crier de toutes leurs forces, ils sautèrent

sur place en agitant les bras comme des fous. Et leurs efforts furent récompensés ! Boule de Poils leva la tête vers Joey, aboya et, voyant qu'il n'obtenait pas de réponse, bondit pour lui lécher la main. Ensuite, il posa la patte sur le bout de sa chaussure. Quand Joey le regarda, Boule de Poils trottina en arrière, vers James et Cathy, puis s'arrêta en levant la tête vers Joey, l'air de dire : « Regarde ! On t'appelle ! »

– Tiens ! s'exclama Joey en feignant la surprise. J'ai dû oublier quelque chose.

Il donna un biscuit à Boule de Poils, puis revint vers ses amis.

Les trois enfants dansaient sur place :

– Ça a marché !

– Hourra !

– Sacré Boule de Poils !

Le petit chien se mit à courir joyeusement autour d'eux en aboyant, ignorant les raisons de cette fête, mais tout heureux d'y participer.

9

Ils lui firent répéter sa leçon plusieurs fois pour s'assurer qu'elle était bien retenue. Maintenant que Boule de Poils avait saisi ce qu'on attendait de lui, ils n'avaient plus besoin de crier autant ni d'agiter les bras ; un simple « Hou-ou, Joey ! », et il touchait la chaussure du garçon, ou sautait pour lui pousser la main du bout de la truffe.

James proposa ensuite de modifier les données du problème :

– Joey ne va pas traverser cette place éternellement !

Ils le firent donc marcher en direction du bureau de poste, puis traverser la rue. Et quand le grand-père de Cathy, en route pour l'église où il devait sonner les cloches, s'arrêta pour bavarder avec eux, ils lui demandèrent d'appeler Joey.

– Il faut que Boule de Poils le prévienne chaque fois que quelqu'un crie son nom, et pas uniquement quand c'est nous, expliqua Cathy.

À la satisfaction générale, Boule de Poils comprit une fois de plus son rôle.

Lorsqu'ils eurent procédé à toutes les combinaisons possibles et imaginables – et que Boule de Poils eut dévoré tout un sac de biscuits à force d'être récompensé –, les trois amis retournèrent chez Joey.

Mme Appleyard les accueillit chaleureusement. Puis, repérant Boule de Poils, elle soupira :

– Il est encore là, celui-là ? J'avais espéré qu'il profiterait des vacances pour décamper une bonne fois pour toutes.
Cathy s'éclaircit la gorge :
– On a quelque chose à vous montrer.
– Vraiment ? fit Mme Appleyard d'un air méfiant.
Cathy se mit face à Joey :
– Vas-y, Joey. À demain !
– Salut, Joey, lança James.
– Qu'est-ce que ça veut dire ? Où va-t-il ? s'inquiéta Mme Appleyard. Il est l'heure de goûter !
– Il ne va nulle part, la rassura Cathy. Mais dites-lui au revoir quand même.
Mme Appleyard, quoique perplexe, accepta de se prêter au jeu. Joey partit avec Boule de Poils et referma le portail derrière lui. Puis il commença à s'éloigner le long de la rue.
– Maintenant, appelez-le, dit Cathy.
Mme Appleyard parut décontenancée,

pour ne pas dire franchement agacée.
– Ne raconte pas de bêtises ! Il ne peut pas m'entendre.
– Faites-le, s'il vous plaît, insista Cathy. Vous verrez bien.
Mme Appleyard gagna le portail en maugréant. Elle appela son fils sans grande conviction, et poussa un cri de surprise en voyant Boule de Poils bondir pour lui pousser la main du bout de la truffe. Joey se retourna, adressa un signe à sa mère et revint vers eux.
– Ça alors ! s'exclama Mme Appleyard. Je n'en crois pas mes yeux !
– On va lui apprendre d'autres tours de ce genre, déclara Cathy.
– Maman, tu veux bien que je le garde ? supplia Joey. Oh, je t'en prie, Maman ! Il ne te causera pas de soucis. Il est si gentil. Et tellement intelligent !
– Mon père l'a examiné, et il a dit qu'il était en parfaite santé, renchérit Cathy.

– Ma foi…, commença Mme Appleyard.

– Dites oui, l'implora James. Il s'entend drôlement bien avec Joey !

– Sans compter les services qu'il pourrait lui rendre, ajouta Cathy.

Mme Appleyard soupira et sourit aux enfants :

– Hum… Il faut savoir reconnaître sa défaite, et je dois admettre que ce que vient de faire ce chien est assez étonnant. Disons qu'il est accepté à l'essai, pour une période de deux semaines. Mais s'il montre le moindre signe d'agressivité durant cette période, s'il tente de mordre, de grogner ou de griffer le mobilier, je me sépare de lui. Entendu ?

Joey lui sauta au cou :

– Oh, merci, Maman ! Merci beaucoup !

10

Quelques jours plus tard, Cathy et James se retrouvèrent chez Joey. Sa mère était partie pour Walton, où elle avait quelques courses à faire. Les trois amis entendaient profiter de la matinée pour continuer le dressage de Boule de Poils.

Le petit chien les regardait en agitant la queue, comme s'il se réjouissait d'avance à l'idée de ce qui se préparait.

– Que va-t-on lui apprendre, cette fois ? demanda Joey.

– Pourquoi pas à t'avertir quand on sonne à la porte ? suggéra Cathy.

– Dans ce cas, il faudrait commencer par lui montrer comment les choses se déroulent en temps normal, dit James.

Cathy acquiesça :

– Bonne idée. Sinon, il ne saura pas qu'il doit intervenir.

– Très bien, alors..., fit James en réfléchissant à haute voix. Je vais sortir et sonner à la porte. Toi, tu vas t'asseoir avec Joey, et, quand tu m'entendras, tu te lèveras et tu viendras m'ouvrir.

Cathy et Joey s'installèrent dans le salon, chacun avec un livre, et Boule de Poils vint se coucher à leurs pieds. James sortit. Un instant plus tard, le carillon de la sonnette retentit.

– Tiens, on sonne ! lança Cathy à la cantonade. Je vais voir qui c'est.

Elle se leva, marcha jusqu'à la porte et laissa entrer James.

– Alors ? Comment a-t-il réagi ?
– Il a dressé les oreilles et poussé un petit jappement, rapporta Cathy. Rien de plus.
– Bon ! Maintenant, voyons ce qu'il fait quand personne ne va ouvrir.
James ressortit et cette fois, quand il sonna, Cathy feignit d'être plongée dans sa lecture. Boule de Poils dressa les oreilles, regarda Cathy et Joey et poussa un bref aboiement. Mais, voyant qu'aucun d'eux ne semblait troublé par la sonnette, il bâilla et reposa la tête sur ses pattes.
James insista encore, puis encore. Finalement, Cathy se leva pour lui ouvrir.
– Ça ne marche pas, dit-elle. Boule de Poils n'a pas l'air de comprendre ce qu'on attend de lui.
– Hé, ça n'a rien de facile, tu sais. Rappelle-toi le mal que nous avons eu la première fois ! Il faut insister ! Je suis sûr qu'il finira par réagir.
Ils répétèrent l'opération trois fois de

suite. À la quatrième, Cathy resta assise sur le sofa sans prononcer un mot. Mais le petit chien se contenta de dresser les oreilles ; il était tellement habitué au carillon qu'il n'aboyait même plus.

Un peu désemparés, les trois enfants s'attablèrent devant du jus d'orange et des biscuits pour discuter de la situation.

– Peut-être que Boule de Poils ne bougera pas tant que l'un de nous sera là avec Joey, conclut Cathy.

– Possible, admit James.

– Alors quoi ? demanda Joey. Je reste seul à l'intérieur ?

– Oui, essayons ça, dit Cathy en reposant son verre.

Cette fois, James emporta son livre et s'installa dans la cuisine tandis que Cathy sortait. Joey et Boule de Poils restèrent au salon. Cathy appuya longuement sur le bouton de la sonnette. Elle attendit un moment, puis recommença. En vain.

Elle était sur le point de sonner une troisième fois quand elle vit sa mère sortir d'une maison, un peu plus haut dans la rue. Elle tenait à la main sa grosse trousse en cuir de vétérinaire.

Cathy courut la rejoindre :

– Maman ? Qu'est-ce que tu fais là ?

Sa mère sourit :

– Je suis venue accoucher une chatte. Elle a eu quatre petits chatons. Deux noirs, un blanc et un tigré.

– Tu l'as accouchée ? Je croyais que les chattes se débrouillaient toutes seules.

– Oui, en général c'est le cas, mais là, le premier chaton se présentait de travers. Heureusement, j'ai réussi à le retourner à temps, et tout s'est bien passé.

– Quatre chatons ! s'exclama Cathy. Je pourrai les voir ?

– Pour le moment, ils sont tout fripés, tout vilains. Ils ressemblent plutôt à des petits rats.

– J'aime bien les petits rats ! protesta Cathy.

Sa mère rit :

– Ça, je sais ! Je suis sûre que Mme Cobbold te permettra de les voir un peu plus tard, quand ils auront ouvert les yeux.

Elle monta dans sa voiture :

– Comment se passe votre séance de dressage ?

– Oh ! s'écria Cathy. J'avais complètement oublié ! Je suis de corvée de sonnette. James et Joey vont commencer à s'inquiéter.

– Alors, à plus tard, ma chérie, lui dit sa mère. Ne sois pas en retard pour le déjeuner.

Elle lui fit au revoir de la main, mit le contact et partit.

De retour chez Joey, Cathy trouva Mme Ponsonby sur le perron.

– J’ai sonné, mais personne ne répond, s’indigna la brave dame. Il y a pourtant quelqu’un ! J’ai vu bouger à l’intérieur.

– Heu… laissez-moi vous expliquer…, commença Cathy.

– C’est que je n’ai pas toute la matinée ! Je voulais souhaiter la bienvenue à mes nouveaux voisins, mais s’ils n’ont pas la courtoisie de…

À cet instant, Mme Appleyard apparut au portail, chargée de sacs de commissions :

– Bonjour, madame. Puis-je vous aider ?

– Ma foi, dit Mme Ponsonby, vous sauriez peut-être m’expliquer pourquoi personne ne veut m’ouvrir !

Mme Appleyard sembla décontenancée :

– Eh bien, les enfants sont à l’intérieur, alors je ne comprends pas ce que…

– Je vais tout vous raconter, intervint Cathy. Ça fait partie du dressage de Boule de Poils.

Mme Ponsonby fronça les sourcils :

– Et c'est pour ça que, toi et tes amis, vous chahutiez sur la place du village, lundi dernier ?

Mme Appleyard déposa ses sacs :

– Qu'est-ce que c'est que cette histoire, Cathy ?

– C'est-à-dire que…

– Je n'arrive pas à croire qu'ils restent tranquillement assis à l'intérieur quand on sonne à la porte ! reprit Mme Ponsonby. Je trouve cela extrêmement grossier !

– Nous sommes en train d'entraîner Boule de Poils ! C'est le chien de Joey, lui expliqua Cathy. Joey est sourd, voyez-vous, et nous essayons d'apprendre à Boule de Poils à réagir à la sonnette.

Mme Ponsonby renifla :

– Tout cela me paraît grotesque.

– Ils croyaient que c'était moi qui sonnais, c'est pour ça qu'ils n'ont pas ouvert, et…

– Oh, je comprends mieux ! soupira Mme Appleyard.

Elle introduisit sa clé dans la serrure.

– Entrez donc un moment, proposa-t-elle à Mme Ponsonby pour l'amadouer. Nous ferons connaissance dans les formes, et je vais vous présenter Joey.

Mme Ponsonby consulta sa montre :

– Je n'ai plus le temps, j'en ai peur. Une autre fois, peut-être.

– Oh, mais..., commença Mme Appleyard.

– Bonne journée à toutes les deux ! lança Mme Ponsonby.

Et, avec un dernier geste de main altier, elle tourna les talons.

– Je suis désolée, murmura Cathy.

– Oui, il faut dire que ce premier contact aurait pu être plus réussi ! soupira Mme Appleyard. Tout ça par la faute de ce chien !

11

Jane Knox, la réceptionniste de l'Arche des animaux, referma le planning de rendez-vous et leva les yeux vers Cathy :

– Alors, ces vacances ? Le dressage de Boule de Poils se déroule bien ?

– Pas trop mal, répondit prudemment Cathy.

Le lendemain de l'incident avec Mme Ponsonby, Cathy, Joey et James avaient repris leur exercice avec la sonnette. Après une demi-heure d'efforts, Boule de

Poils semblait à deux doigts de comprendre, mais Mme Appleyard, agacée par les sonneries incessantes, avait mis un terme à l'entraînement. Ils comptaient réessayer cet après-midi.

La porte de l'Arche s'ouvrit, et un coursier entra avec un paquet. Il allait repartir quand son œil fut attiré par le panneau d'affichage.

– Hé, je connais ce chien ! s'exclama-t-il en désignant l'affichette de Cathy et de James.

Cathy sentit son pouls s'emballer. Elle dévisagea l'homme avec horreur.

– C'est celui des Brown, poursuivit-il.

Jane jeta un regard compatissant vers Cathy.

– Les Brown ? demanda-t-elle. Ce sont des gens d'ici ?

– De Walton. Ils louent la maison à côté du garage.

– Vous en êtes sûr ? lui demanda Cathy.

– Certain. Je le reconnais bien, parce que j'ai un chien un peu comme lui. Je l'ai souvent aperçu devant la maison ou sur le pas de la porte quand j'apportais ma voiture au garage.

Cathy était sans voix.

– Mais savez-vous s'ils ont perdu leur chien ? demanda Jane.

– Ça, non. Je ne suis pas retourné là-bas depuis au moins deux mois. C'est bien le leur, en tout cas. Ils vont être drôlement contents de le retrouver !

Cathy avait les larmes aux yeux.

– Sans doute, acquiesça Jane. On va les appeler tout de suite.

– Content d'avoir rendu service ! lança l'homme en sortant. Je sais ce que c'est que de perdre un animal.

La porte se referma derrière lui. Cathy et Jane échangèrent un regard désolé.

– Oh, ma chérie ! fit Jane.

– Pauvre Joey ! dit Cathy en se mordant

la lèvre. Et pauvre Boule de Poils. Je suppose qu'on ne peut pas…

Jane secoua la tête :

– Bien sûr que non. Il ne faut même pas y penser.

Elle tapota la main de Cathy :

– Il y a sûrement quelqu'un dans cette famille qui aime Boule de Poils aussi fort que Joey. As-tu pensé à ça ?

La petite fille hocha la tête et déglutit péniblement.

Jane sortit l'annuaire régional :

– Je vais chercher leur numéro. Tu devrais prévenir ton ami Joey, au cas où.

Au même moment, la porte de la salle d'opération s'ouvrit et la mère de Cathy en sortit.

– Jane, s'il n'y a aucun appel urgent, je crois que je vais…

Elle s'interrompit en apercevant l'expression de sa fille.

– Que se passe-t-il, ma chérie ?

Jane le lui expliqua rapidement, et Mme Hope prit Cathy dans ses bras :

– Je sais que c'est dur, mais il faut tirer cette histoire au clair immédiatement.

Cathy renifla :

– Maintenant ?

– Le plus tôt sera le mieux. Je devais me rendre à Walton pour quelques courses, de toute façon. Viens avec moi, nous passerons voir les Brown, histoire de nous assurer que c'est vraiment leur chien.

Cathy poussa un soupir à fendre l'âme :

– D'accord, Maman.

– On va emporter une affichette, ma chérie, ajouta sa mère.

12

Cathy resta silencieuse pendant tout le trajet. D'un côté, elle avait hâte d'arriver et d'être enfin fixée, mais, de l'autre, elle appréhendait ce qu'elle allait découvrir. L'idée qu'elle allait peut-être permettre de réunir un animal et son maître ne la consolait guère ; surtout quand elle songeait à Joey, et au chagrin qu'il aurait. Mme Hope décida de faire le plein d'essence au garage.

– Nous n'aurons qu'à laisser la voiture

là-bas le temps de frapper chez les Brown, dit-elle.

Quand sa mère se rangea devant le garage, Cathy regarda la maison mitoyenne : carrée, moderne, elle était protégée par un portail rouge et entourée d'un jardin mal entretenu. Ces gens-là avaient-ils perdu leur chien, oui ou non ? Toute la question était là.

Cinq minutes plus tard, Cathy et sa mère frappaient à la porte. Des chiens se mirent à aboyer à l'intérieur, et une jeune femme plutôt jolie vint ouvrir.

– Mme Brown ? demanda la mère de Cathy.

La jeune femme secoua la tête :

– Non, je regrette. Les Brown ont déménagé à Brighton.

– Oh ! Il y a longtemps ?

– Environ six semaines. La maison est restée vide une quinzaine de jours avant qu'on emménage. De quoi s'agit-il ?

Mme Hope lui parla de Boule de Poils, et Cathy lui montra son affichette avec la photo.
La femme l'examina attentivement :
– Je ne sais pas si ça va vous faire plaisir, mais c'est bien leur chien.
Cathy fit la grimace.
– Je le reconnais, le pauvre, parce qu'ils l'ont laissé derrière eux ! poursuivit la femme. Ils allaient habiter en appartement à Brighton et ils ne pouvaient pas le garder, alors ils l'ont purement et simplement abandonné !
– Vous êtes sûre de ce que vous dites ? s'indigna Mme Hope. C'est honteux !
– Je suis bien de votre avis ! Nous l'avons nourri quelques jours, mais comme nous avons déjà plusieurs chiens... J'allais appeler la SPA quand il a disparu, comme ça, sans laisser de trace. Je me demandais où il était passé.
Cathy et sa mère se regardèrent.

– Chez nous ! s'écria Cathy, tellement heureuse qu'elle en aurait dansé sur place. Il a trotté jusqu'à Welford ! Et il a trouvé un bien meilleur maître !

13

– Il a réussi !

– Bravo, Boule de Poils !

Cathy, James et Joey se lancèrent dans une ronde folle autour du petit chien. Joey ouvrit ensuite un sachet de céréales chocolatées et en versa dans sa gamelle.

– Brave bête ! s'écria-t-il en soulevant Boule de Poils à bout de bras.

Boule de Poils, qui avait vu les céréales, se tortillait pour descendre. Il ne comprenait pas ce qui lui avait valu tous ces éloges. On avait sonné, il avait simplement alerté Joey et l'avait conduit jusqu'à la porte. Facile !

– Et tout ça, le plus naturellement du monde ! s'extasia Cathy.

– L'entraînement de ces derniers jours a fini par porter ses fruits, déclara James.

– C'est le chien le plus intelligent de la terre ! affirma Joey en regardant Boule de Poils engloutir ses céréales.

Il roula sur le tapis avec Boule de Poils, et le chien le mordilla pour jouer, tirant sur son sweat-shirt avec ses crocs. Joey tira de son côté, et le chien se mit à grogner joyeusement, refusant de lâcher prise.

Cathy et James contemplaient la scène en riant quand Mme Appleyard fit son entrée.

– Que se passe-t-il ici ? s'écria-t-elle en voyant le chien sur son fils.

Cathy courut ramasser Boule de Poils.

– Ils jouaient, c'est tout, la rassura-t-elle.
– Drôle de jeu. Tu n'as rien, Joey ?
Joey bondit sur ses pieds :
– Je vais bien, Maman. Tu ne devineras jamais ce qu'on a à te montrer…
– Qu'est-ce que je vois sur le tapis, là ? Du chocolat ?
Joey frotta vivement la tache brunâtre avec un coin de sa manche.
– Juste une seconde, Maman. Tu vas être drôlement surprise, je te promets !
– Vraiment ? Je suppose que c'est encore en rapport avec ce chien ?
– Venez avec nous, et on va vous montrer, dit Cathy.
– Mais je suis à peine rentrée, objecta Mme Appleyard. Il faut que je range les commissions.
– Rien que deux minutes ! implora James.
– Tu vas voir, c'est génial ! lui promit Joey.

Mme Appleyard capitula. Cathy et James sortirent avec elle et claquèrent la porte derrière eux.

– Il faut attendre un peu, dit Cathy.

– Le temps que Boule de Poils se calme, expliqua James.

Mme Appleyard les regarda compter à mi-voix en affichant une expression perplexe.

– Quarante-neuf… cinquante ! dit Cathy en se tournant vers Mme Appleyard. Voulez-vous sonner, s'il vous plaît ?

– D'accord, mais à quoi bon ? J'ai une clé, vous savez.

– Ça fait partie de la surprise, répondit James.

Mme Appleyard haussa les épaules et s'exécuta. Joey vint leur ouvrir un instant plus tard. Boule de Poils était sur ses talons.

– Oui ? fit-il en souriant à sa mère. Tu as sonné ?

Mme Appleyard en resta bouche bée :
– Comment as-tu su ?
– C'est Boule de Poils ! lui expliqua fièrement Joey. Il me prévient quand il entend la sonnette.
Mme Appleyard secoua la tête avec incrédulité.
– Eh bien ! Je n'en reviens pas !
Elle tendit la main pour caresser Boule de Poils, mais n'alla pas au bout de son geste.
– Je suppose que c'est Cathy et James qu'il faut féliciter ?
– Et aussi Joey, et Boule de Poils ! s'exclama Cathy.
– Vous croyez qu'il arriverait à le refaire ?
– Quand vous voulez !
– Voyons cela, dans ce cas ! dit Mme Appleyard. Mais, cette fois, je resterai à l'intérieur avec Joey.
– Entendu, dit Cathy.

Joey retourna au salon avec Boule de Poils tandis que Cathy et Mme Appleyard se cachaient dans la cuisine. James resta sur le perron.

Après quelques instants, il appuya sur la sonnette. Quand Mme Appleyard, qui suivait la scène depuis la porte de la cuisine, vit Boule de Poils alerter Joey, son visage s'illumina :

– Je n'en crois pas mes yeux ! Vous avez dû travailler comme des forcenés pour parvenir à un tel résultat.

– Je peux le garder, alors ? l'implora Joey.

– C'est-à-dire que..., commença Mme Appleyard.

– Il a été abandonné, Cathy a vérifié.

Mme Appleyard baissa les yeux sur Boule de Poils, songeuse :

– Il a l'air docile, je le reconnais, mais j'avais dit : deux semaines d'essai. Et ça ne fait même pas une semaine.

– Oh, mais, Maman…, supplia Joey.

– Ça suffit, mon chéri, trancha Mme Appleyard. Jusqu'ici, il a été sage, c'est vrai. Mais il est encore trop tôt pour que je lui fasse vraiment confiance.

14

Après le dîner, James passa avec Blackie chercher Cathy à l'Arche des animaux. Il était convenu qu'ils retrouvent Joey et Boule de Poils pour une longue promenade jusqu'à Beacon Point.

Cathy emprunta une laisse et un collier à ses parents, car Boule de Poils n'en avait pas encore ; Mme Appleyard avait promis de lui en acheter, mais seulement à la fin de sa période d'essai.

Quand ils arrivèrent chez Joey, sa mère

leur dit qu'ils le trouveraient dans le jardin. Ils firent le tour par-derrière et dès qu'ils s'aperçurent, Blackie et Boule de Poils se précipitèrent l'un vers l'autre en poussant des grognements de joie. Ils s'étaient déjà rencontrés deux fois et s'entendaient à merveille. Comme Blackie était beaucoup plus grand, les deux chiens avaient inventé un jeu : Boule de Poils passait entre les pattes du labrador, tandis que ce dernier tournoyait sur lui-même pour tenter de l'attraper.

Quand les chiens eurent assez joué, Cathy, James et Joey décidèrent qu'il était temps de partir. Boule de Poils se laissa sagement mettre son collier, et Cathy tendait sa laisse à Joey quand le carillon de la sonnette retentit à l'entrée, suivi d'un petit jappement.

Avant que quiconque puisse l'arrêter, Boule de Poils partit comme une flèche en direction du bruit.

– Qu'est-ce qui lui prend ? s'inquiéta Joey.
– Il a entendu un autre chien devant la maison, lui expliqua Cathy.
À cet instant précis, on entendit un violent concert d'aboiements et de grognements, assorti de cris horrifiés.
– Ça chauffe ! s'écria James en faisant signe à Joey. Allons-y !
Ils coururent sur le perron, où ils trouvèrent la mère de Joey, face à une Mme Ponsonby ulcérée, qui tenait sa petite chienne pékinoise dans ses bras. Boule de Poils s'agitait à ses pieds, les yeux braqués sur la chienne, aboyant comme un fou.
Mme Appleyard cria aux enfants :
– Débarrassez-moi de ce fichu chien !
Cathy se tourna vers Joey :
– Va vite le récupérer !
Joey se précipita et prit Boule de Poils dans ses bras. Le chien poussa un dernier jappement et se calma aussitôt.

– C’est odieux ! fulminait Mme Ponsonby. Ce chien s’est jeté sur nous sans aucune raison !

– Je ne l’ai pas vu arriver, bredouilla Mme Appleyard, confuse. Vraiment, Madame Ponsonby, je ne sais pas comment m’excuser.

– Un chien, cela se contrôle, déclara Mme Ponsonby. Ma pauvre Pandora en est toute bouleversée.

– Je suis sincèrement désolée, poursuivit Mme Appleyard. Je ne sais pas ce qui lui a pris. Il ne l’a pas mordue, au moins ?

– Ce monstre l’a littéralement terrorisée !

– Il défendait son territoire, tenta de plaider Cathy. Il a perçu Pandora comme une menace. Il voulait juste nous protéger.

Mme Appleyard fronça les sourcils :

– Pourtant, votre autre chien n’a pas attaqué, lui. Il est resté bien sagement avec vous.

– Parce que ce n'est pas son territoire, répondit Cathy.

– De toute manière, intervint Joey, Boule de Poils ne faisait qu'aboyer. Il n'aurait mordu personne.

– Ça, tu n'en sais rien ! rétorqua Mme Appleyard.

Elle inspira profondément.

– Il est hors de question qu'il continue à menacer nos visiteurs.

Elle s'adressa à Mme Ponsonby en souriant timidement :

– Voulez-vous entrer ? Une bonne tasse de thé au salon nous aiderait à nous remettre de nos émotions.

– C'est bien aimable, accepta Mme Ponsonby de mauvaise grâce.

Et, tenant toujours sa Pandora comme une pièce de porcelaine précieuse, elle passa à l'intérieur.

Les enfants suivirent Mme Appleyard dans la cuisine.

– Honnêtement, Boule de Poils ne ferait pas de mal à une mouche, dit Cathy.

Joey ne disait rien. Il guettait avec anxiété le verdict de sa mère.

Mme Appleyard mit la bouilloire à chauffer et se tourna face à lui :

– Je suis navrée, mon chéri, mais nous n'allons pas pouvoir le garder.

Joey poussa un petit cri étranglé.

– Je ne veux pas d'un chien pareil dans cette maison. On ne sait pas comment il peut réagir. Je ne me sentirais plus en sécurité chez moi.

Les yeux de Joey s'embuèrent.

– Maman…, commença-t-il.

– Désolée, Joey. Il peut rester pour le week-end, mais, à partir de lundi, tu lui chercheras une nouvelle maison.

– Oh, Maman…

– Inutile de discuter. Ma décision est prise, et je ne reviendrai pas dessus.

15

Plus tard dans l'après-midi, Cathy se rendit chez James pour lui proposer d'aller remonter le moral au malheureux Joey. Les deux amis se mirent en route en ruminant des idées noires.

– C'est trop bête ! s'écria Cathy. Boule de Poils n'aurait jamais attaqué Pandora. Il voulait seulement l'impressionner.

– Je sais, acquiesça James. Le plus triste, c'est que son dressage donnait de sacrés résultats. Que va-t-il devenir ?

– Maman et papa pensent pouvoir le faire accepter au refuge. Ah, si seulement Mme Ponsonby était venue à un autre moment ! Ou sans Pandora…

– Ça ne sert à rien de ressasser tout ça, dit James. Pensons plutôt à Joey. Et si on lui apportait des sucreries ? Ça le consolerait peut-être.

– Pourquoi pas ? C'est une bonne idée.

Ils passèrent donc par la confiserie acheter quelques friandises. Ils en ressortaient quand Cathy toucha le bras de James :

– Tiens, voilà Joey !

Leur ami marchait vers la grand-place, Boule de Poils sur les talons. Ils pressèrent le pas pour le rattraper.

– Il a eu la même idée que nous, remarqua James en riant. Il s'est acheté une glace !

Il avait à peine fini sa phrase qu'une voiture déboucha dans High Street, remontant dans leur direction. Elle roulait très vite. Au même instant, Joey, distrait par sa glace et trop malheureux pour faire attention à ce qui l'entourait, s'apprêta à traverser.

Le conducteur klaxonna furieusement, mais Joey posait déjà le pied sur le bitume.

Cathy agrippa le bras de James.

– Joey ! s'écria-t-elle.

Les deux enfants s'élancèrent.

Le conducteur tenta de piler dans un terrifiant crissement de freins. C'est alors que Boule de Poils, qui avait entendu Cathy, bondit sur la jambe de Joey et le retint en plantant ses crocs dans son jean.

Joey lâcha sa glace et s'étala de tout son long. La voiture s'immobilisa en dérapant contre le trottoir d'en face. Le temps que Cathy et James arrivent, tout essoufflés d'avoir couru, Mme Appleyard, qui se rendait à la poste, était déjà sur les lieux avec trois autres personnes.

On aida Joey à se relever, et Mme Appleyard le serra à l'étouffer.

– Mais où as-tu la tête ? Tu voulais te

faire tuer ? cria-t-elle, bouleversée.
Puis elle éclata en sanglots. Joey se tortilla dans son étreinte.
Le conducteur sortit de sa voiture.
– Imbécile ! maugréa-t-il.
– Vous rouliez trop vite, oui ! l'accusa un des témoins de la scène.
– Il a traversé sans regarder ! rétorqua le conducteur.
Joey, un peu déboussolé, hocha la tête :
– Il a raison, reconnut-il. J'étais en train de manger ma glace et je pensais à ce pauvre Boule de Poils…
– Tu n'as rien ? demanda Cathy. On a tout vu, James et moi ! On était là, et on a tout vu ! Boule de Poils m'a entendu crier ton nom, et il t'a sauvé la vie !
Joey comprit soudain ce qui s'était passé et s'arracha aux bras de sa mère.
– Boule de Poils ! cria-t-il en cherchant le chien des yeux. C'est lui qui m'a sauvé ! Où est-il passé ?

Boule de Poils, trop occupé à lécher les restes de glace répandus sur le bitume, ne releva même pas la tête.

Mme Appleyard, qui avait le visage livide, acquiesça :

– Oui, c'est vrai ! Moi aussi, je l'ai vu. Il t'a réellement sauvé la vie !

– Quel chien intelligent ! Heureusement qu'il était là ! dit une des personnes présentes.

Personne n'ayant été blessé, le petit attroupement se dispersa aussi vite qu'il s'était formé. Le conducteur, après s'être assuré que Joey n'avait rien et marmonné une dernière fois que ce n'était pas sa faute, remonta en voiture et repartit.

Cathy, James, Joey et sa mère restèrent seuls face au petit chien.

– Boule de Poils a été tout simplement héroïque, déclara Joey.

Joey leva des yeux implorants vers sa mère :

– Tu ne veux vraiment pas qu'on le garde, Maman ?

Mme Appleyard le serra dans ses bras :

– Si… si, mon chéri, on le garde. Comment pourrait-on se séparer de lui, après cela ?

Elle se redressa et prit une grande inspiration :

– Et, maintenant, si nous allions tous à cette boutique pour animaux à Walton, lui acheter un collier et une laisse, et un panier, et tout ce qu'il faut ? Cathy et James nous conseilleront, pas vrai, mes chéris ?

Cathy, trop émue pour parler, hocha la tête, les yeux brillants. Joey ramassa Boule de Poils et enfouit son visage dans sa fourrure.

– Je te garde ! dit-il. Tu es à moi pour toujours !

FIN

Avis aux lecteurs

Toi aussi tu aimes beaucoup les animaux ?
Tu peux en parler à Lucy Daniels, si tu veux,
en écrivant à :
Bayard Éditions
Lucy Daniels - Collection 100 % Animaux
18, rue Barbès
92128 Montrouge Cedex

EXTRAIT

Et voici une autre aventure
de Cathy et James
dans

Foudre ne renonce jamais !

100% animaux

1

– Au suivant, James ! lança Cathy, le stylo en suspens.

James plissa les yeux en se penchant sur le formulaire.

– Quelles pattes de mouches ! grommela-t-il. John Bli… Bling… quelque chose.

– Laisse-moi voir…

Cathy regarda par-dessus l'épaule de James.

– Blithwaite, trancha-t-elle.

– Si tu le dis…, fit James en haussant les épaules. Il habite au 2, résidence Moorfield, à Walton.

Cathy ajouta le nom et l'adresse à sa liste.
– Et son âne ?
– Cornichon. Ou peut-être Polochon ? Sauf que ça serait plutôt un nom de chat.
Cathy pouffa.
– Je crois qu'on va s'en tenir à Cornichon, décida-t-elle en inscrivant le nom.
Cathy Hope était assise en compagnie de son meilleur ami, James Hunter, à la grande table de la cuisine de l'Arche des animaux. Ils triaient les formulaires d'inscription au derby des ânes, organisé, comme chaque année, dans le cadre de la grande foire de printemps de Welford. Pour le moment, l'événement paraissait compromis par la météo ; une pluie violente battait aux carreaux, et le monde extérieur était plongé dans la grisaille. Cathy observa un instant les gouttes

translucides qui s'écoulaient le long de la vitre, puis elle reporta son attention sur sa liste.

– John Blithwaite, ça ne me dit rien, avoua-t-elle. Cornichon non plus. Ils doivent aller chez un autre vétérinaire.

– C'est étonnant, le nombre de nouveaux qui se sont inscrits au derby, cette année, dit James. Certains ne sont même pas de Welford.

– Hmm. En effet, c'est curieux. L'année dernière, il n'y avait que quelques participants – et là, regarde un peu tous ces noms ! Je me demande pourquoi on a un tel succès.

James haussa les épaules :

– Quelle importance ? Plus ils seront nombreux, plus on récoltera de l'argent pour le refuge des chevaux et poneys de Glisterdale.

– Très juste, reconnut Cathy.

James et elle adoraient les animaux. Voilà pourquoi ils s'entendaient si bien. Ils passaient leur temps à porter secours à des animaux en détresse.

– À propos de Glisterdale, ça va faire tout drôle, un derby des ânes sans la présence de Foudre, remarqua James.

Foudre était la pensionnaire vedette de Glisterdale. Depuis des années, cette ânesse remportait systématiquement le derby ; cette fois-ci, sur le point d'accoucher, elle était interdite de compétition.

Adam Hope entra dans la cuisine. Il avait sa trousse de vétérinaire à la main et semblait très pressé.

– Alors, les enfants, vous vous en sortez ?

Le père de Cathy participait à l'organisation de la course. D'ordinaire, c'est lui qui s'occupait des formalités d'inscription, mais, cette année, sa femme et lui étaient submergés de travail. Simon, l'infirmier de leur clinique vétérinaire, était parti en vacances, et Adam Hope avait accepté l'aide de Cathy et de James pour établir la liste des concurrents.

– Sans problème, papa, répondit Cathy. Vous avez fini les consultations ?

– Ta mère soigne notre dernier patient. Moi, je vais à la ferme des Bruyères. Tom Masters a un souci avec ses poules. J'ai juste le temps d'y aller avant de revenir nourrir les animaux.

Il se passa la main dans les cheveux et se mit à rire :

– Pfff ! Vivement que Simon rentre !

D'habitude, c'était surtout Simon qui veillait sur les animaux laissés en pension à la clinique.

– Pauvre papa ! dit Cathy. On peut t'aider à quelque chose ?
Cathy rêvait de prendre soin, elle aussi, des animaux malades confiés à la clinique, mais ses parents ne voulaient pas en entendre parler avant ses douze ans ; elle avait encore près de trois ans à patienter !
Adam Hope enlaça sa fille :
– C'est déjà ce que vous êtes en train de faire avec James, ma chérie. C'est très gentil de me donner ce coup de main.
Il enfila son manteau et sourit aux enfants :
– Je dois filer, mais essayez d'attraper Emily avant qu'elle parte. Mon petit doigt me dit qu'on pourrait bien l'avoir appelée au refuge. Foudre est sur le point de mettre bas. Si vous lui demandez gentiment, elle acceptera peut-être de vous emmener.

James bondit de sa chaise :
– Chouette ! Cathy, tu crois que ta mère nous laissera assister à l'accouchement ? Ce serait génial.
– Tiens, on parle de moi ! lança Mme Hope en pénétrant dans la pièce.
Elle ramena rapidement ses longs cheveux roux en arrière avant de les glisser dans un chouchou.
– Tu veux bien, Maman, demanda Cathy, tout excitée, qu'on vienne voir le petit de Foudre avec toi ?
Cathy adorait Foudre. James avait raison : sans elle, le derby des ânes n'aurait pas le même attrait. Mais elle allait avoir un ânon, et c'était merveilleux !
– Du calme, s'esclaffa Mme Hope. Pour l'instant, il est encore dans son ventre, tu sais ! Allez, c'est d'accord ! Suivez-moi !

– On a déjà dix-huit participants pour le derby, annonça Cathy à sa mère tandis qu'ils remontaient la grand-rue à bord de la Land Rover de l'Arche. Beaucoup plus que les fois précédentes.

– C'est peut-être parce que Foudre a déclaré forfait ? suggéra Mme Hope en ralentissant à l'amorce d'un virage. Je n'ai jamais vu un âne aussi rapide ! Depuis qu'elle est à Welford, elle a remporté tous les derbys. Cinq victoires consécutives ; il y a de quoi décourager les concurrents ! Donc, cette année…

– ...tout le monde en profite pour tenter sa chance ! acheva James.

Cathy se gratta la tête :

– C'est Mel qui va être déçue.

Melanie Dawkins était la petite-fille de Joyce Dawkins, la propriétaire de Glisterdale. Elle avait le même âge que

Cathy. Elle venait chaque année passer les vacances de Pâques chez sa grand-mère et n'aurait manqué le derby pour rien au monde.

James se tourna vers Cathy :

– Pourquoi ?

– Oh, ça faisait longtemps qu'elle voulait monter Foudre dans le derby, tu sais ! L'an dernier, Mme Dawkins a dit qu'elle était assez grande, et, patatras ! elle s'est cassé le bras juste avant la course. Sa grand-mère lui avait promis qu'elle se rattraperait cette année.

– Bah, il y aura un autre derby l'an prochain, dit Mme Hope en se penchant pour mieux voir à travers le pare-brise cinglé par la pluie.

– Elle aura bientôt dépassé la limite d'âge, marmonna Cathy.

Mme Hope ralentit.

EXTRAIT

– On est presque arrivés, dit-elle.

Elle quitta la route principale et s'engagea sur le chemin sinueux qui s'élevait en pente douce jusqu'au refuge de Glisterdale.

2

Joyce Dawkins les attendait sur le seuil de sa maison en se tordant les mains. Elle poussa un soupir de soulagement quand Emily descendit de la Land Rover. Après avoir salué tout le monde, elle les conduisit directement à la stalle de Foudre. Cathy et James écarquillèrent les yeux en découvrant l'ânesse.

Joyce s'esclaffa :

– Ce n'est plus celle que vous avez vue remporter le dernier derby, pas vrai ?

– Heu… elle a un peu grossi, balbutièrent-ils.

C'était un mensonge poli. Foudre était devenue énorme !

– Elle retrouvera bientôt sa ligne, ne vous inquiétez pas. Hein, ma belle ? fit Mme Hope en s'approchant pour examiner l'ânesse.

Celle-ci s'écarta en bronchant.

– Elle est très nerveuse, expliqua Joyce Dawkins.

À force de cajoleries, Mme Hope réussit à convaincre Foudre de se tenir tranquille. Cathy vint lui immobiliser la tête ; elle lui caressa le front pendant que sa mère procédait à une rapide inspection.

– Sois sage, ma mignonne, murmura la jeune fille à l'oreille de l'ânesse. Tu vas avoir un gentil petit ânon. On est là, tout se passera bien.

Emily Hope se redressa en souriant.

– Il était temps qu'on arrive, Joyce ! dit-elle en se tournant vers Mme Dawkins. Foudre ne va plus tarder à être maman.

EXTRAIT

Au même instant, Cathy sentit la tête de Foudre lui échapper des mains. L’ânesse se coucha avec précaution sur la paille.

– Et c’est parti ! lança Mme Hope.

EXTRAIT

Découvre vite la suite de cette histoire
dans

Foudre
ne renonce jamais !

N° 209 de la collection

100% animaux

Partage ta passion des animaux avec Cathy et James !

201. Six chatons cherchent une maison
204. Un poney très courageux
205. La bande des cochons d'Inde
208. Dressons Boule de Poils !
209. Foudre ne renonce jamais !

100 % animaux

Partage ta passion des chiens avec Neil et Emily !

101. Dotty fait des bêtises
104. Pagaille au chenil
105. Un chien pas comme les autres
106. Jason a deux maisons
107. Nelly est innocente !
108. Tuff n'a peur de rien !
109. Griffou, chien des rues

Imprimé en Allemagne par CPI – Clausen & Bosse